Bettina Rheims Exhibition

世界を刺激する女性写真家
ベッティナ・ランス展
Bettina Rheims Exhibition

Bettina Rheims

PPS通信社
Pacific Press Service (PPS)

L'auteur tient à adresser des remerciements particuliers à:
Gina Kehayoff, son éditeur et amie
Thierry Kauffmann, Hélène Bigot et Christophe Boulze
pour leur soutien quotidien
Nicole Wisniak et Égoïste pour son amour et son talent
Bill Mullen pour son inspiration et son génie créatif
Greg Pond pour être venu me chercher si loin
Monique Kouznetzoff et Eliane Laffont à Sygma Paris
et New York pour tout cela à la fois
Roger Thérond et Paris-Match pour avoir été si
présent depuis mes débuts
Publimod' Photo pour des années de collaboration,
et tous ceux que j'oublie et qui me le pardonneront... peut-être.

挑発的, 刺激的, 非常にセクシュアルといった言葉で形容される作品を撮り続けるフランス人写真家ベッティナ・ランスは, 1994年にはパリ市写真グランプリを受賞し, またこの度, 栄誉あるレジョン・ドヌール五等勲章 (シュヴァリエ勲章) を受賞することになりました。

ランスは, ヨーロッパやアメリカの一流雑誌のためのファッション写真や, カトリーヌ・ドヌーヴ, マドンナ, シャロン・ストーンといった俳優やミュージシャンら有名人のポートレイトを多く撮影するとともに, 有名ファッション・デザイナーの広告やコマーシャル・フィルムも手がけています。

出版された写真集には, 女性のポートレイトを撮り続けた10年間の集成である『フィーメイル・トラブル』, 十代の両性具有的な若者をとらえた『モダン・ラヴァーズ』, ホテルの部屋で無名の女性たちのヌードを撮影した『シャンブル・クローズ』, 剝製動物の肖像を集めた『アニマル』などがあります。またランスは, フランス大統領ジャック・シラクの公式ポートレイト写真を手がけたことでもよく知られています。

1952年パリに生まれたベッティナ・ランスは, 非常に若い学生の頃から写真を始め, その後ニューヨークでモデルの仕事をしますが, パリに戻り, 初めてヌードの女性たちを撮った作品が, 非常に権威ある雑誌『エゴイスト』誌に掲載されました。その後すぐにパリで二つの個展を開催, ひとつは1981年にポンピドゥ・センターで行われたものです。ランスの作品は世界中の主要な美術館やギャラリーで展示されてきました。来年, ランスは写真家生活20周年を迎えます。

この度, 日本で初めてのベッティナ・ランスの集成展を開催できますことは, 私どもにとって大きな喜びです。ご尽力くださいましたランスの写真集の出版社であり彼女の友人でもあるジーナ・ケヘイオフ氏に感謝いたします。

本展の開催にあたり, フランス大使館, 社団法人日本写真協会, 日本写真家協会, 社団法人日本広告写真家協会よりご後援を, マミヤ・オーピー株式会社より貴重なるご協賛を, またエールフランス国営航空会社よりご協力を頂戴いたしました。皆さまに深く御礼申し上げます。

PPS通信社
ロバート・L・カーシンバウム

Provocative, stimulating, highly sexual are some of the descriptive adjectives applied to the images of the French photographer Bettina Rheims. Awarded in 1994 the "Grand Prize of Photography" by the City of Paris, she was just nominated "Chevalier de la Légion d'Honneur" in 1997.

Ms. Rheims photographs for some of the top magazines in Europe and the United States - fashion and mostly celebrities in the movie and music business (Some of her famous models are Catherine Deneuve, Madonna and Sharon Stone) as well as advertising for the top fashion designers and commercial television films.

She has published a number of books: Female Trouble (ten years of portraying women), Modern Lovers (On teenage androgyne), Chambre Close (Anonymous women undresseing in hotel rooms) and portraits of animals. Ms. Rheims is also famous in France for having done the official portraits of President Jacques Chirac.

Born in Paris in 1952, Bettina Rheims began photography in school at a very young age, then became a model in New York, before settling in Paris.

Her first photographs of women undressing in front of her camera were published by the very prestigious magazine Égoïste. She then had two exhibitions in Paris, one at the Centre Georges Pompidou in 1981. Her photographs have been exhibited all over the world in major museums and galleries. Next year, she will celebrate her 20th anniversary as a photographer.

Pacific Press Service takes pleasure in organizing the first comprehensive retrospective of Bettina Rheims in Japan and is indebted to Gina Kehayoff, her publisher and friend.

It is grateful to the Embassy of France, the Photographic Society of Japan, the Japan Professional Photographers Society and the Japan Advertising Photographers' Association for their patronage, for the generous contribution of Mamiya-OP, Co., Ltd. and the cooperation of Air France without whose support this exhibition could not be realized.

Robert L. Kirschenbaum
President
Pacific Press Service

ゲピエールを着けたマルテ, パリ, 1987年
Marthe en guêpière, 1987 Paris

1
ゲピエールを着けたマルテ, パリ, 1987年
Marthe en guêpière, 1987 Paris

自宅でのマルグリット・デュラス, パリ, 1985年
Marguerite Duras chez elle, 1985 Paris

2
自宅でのマルグリット・デュラス, パリ, 1985年
Marguerite Duras chez elle, 1985 Paris

3
シャーロット・ランプリング, パリ, 1985年
Charlotte Rampling, 1985 Paris

ローレン・ハットン Ⅰ, パリ, 1986年
Lauren Hutton Ⅰ, 1986 Paris

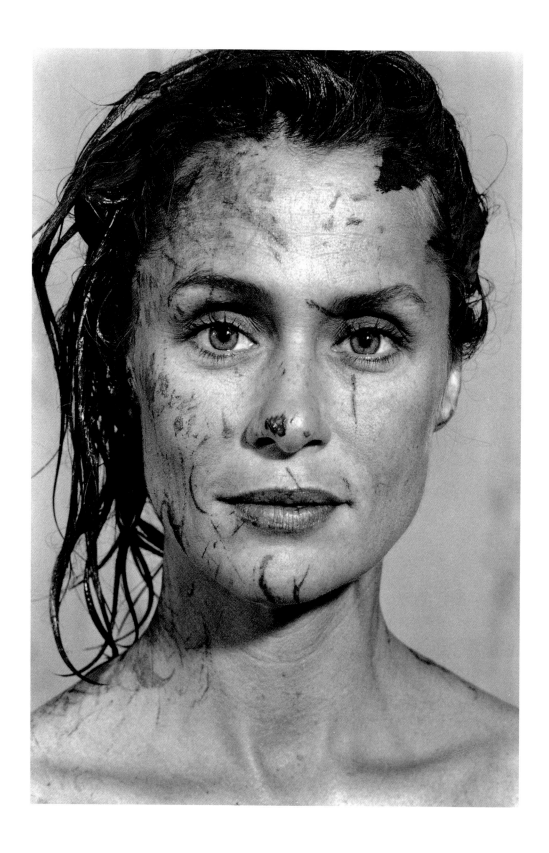

4
ローレン・ハットン Ⅰ, パリ, 1986年
Lauren Hutton Ⅰ, 1986 Paris

イザベル・パスコ IV, パリ, 1986年
Isabelle Pasco IV, 1986 Paris

5
イザベル・パスコ IV, パリ, 1986年
Isabelle Pasco IV, 1986 Paris

6
ほつれたストッキングのジュリエット・ビノシュ, ガルシュ, 1987年
Juliette Binoche au bas filé, 1987 Garches

カトリーヌ・ドヌーヴ, ジョルジュ・サンクの館で, パリ, 1988年
Catherine Deneuve au Georges Ⅴ, 1988 Paris

7
カトリーヌ・ドヌーヴ, ジョルジュ・サンクの館で, パリ, 1988年
Catherine Deneuve au Georges Ⅴ, 1988 Paris

8
海岸のモナコ王女キャロリーヌ, モナコ, 1988年
S.A.S.La Princesse Caroline de Monaco sur une plage, 1988 Monaco

9
ヴェールを被ったクロード, ローマのチネチッタにて, 1988年
Claude voilée à Cinecittà, 1988 Rome

10
クロードのポートレイト, パリのランスのスタジオにて, 1988年
Portrait de Claude dans mon studio, 1988 Paris

アンナ・カリーナ, パリ, 1988年
Anna Karina, 1988 Paris

11
アンナ・カリーナ, パリ, 1988年
Anna Karina, 1988 Paris

12
肘掛椅子にうずくまるクラウディア, パリ, 1987年
Claudya roulée dans un fauteuil, 1987 Paris

クラウディア VI, パリ, 1987年
Claudya VI, 1987 Paris

クラウディア VI, パリ, 1987年
Claudya VI, 1987 Paris

テリー, クリスチャン・ラクロアのファッション写真, パリ, 1987年

14
テリー, クリスチャン・ラクロアのファッション写真, パリ, 1987年
Terry pour Christian Lacroix, 1987 Paris

ナオミ・キャンベル, パリ, 1988年
Naomi Campbell, 1988 Paris

15
ナオミ・キャンベル, パリ, 1988年
Naomi Campbell, 1988 Paris

16
がちょうのポートレイト, パリ, 1982年
Oie, portrait, 1982 Paris

17
猿の正面, パリ, 1982年
Singe poilu de face, 1982 Paris

18
オラン・ウータン, パリ, 1985年
Orang outan, 1985 Paris

ペリカンの横顔, パリ, 1982年
Pélican de profil, 1982 Paris

ペリカンの横顔, パリ, 1982年
Pélican de profil, 1982 Paris

20
ジョジー Ⅰ, パリ, 1989年9月
Josie Ⅰ, Septembre 1989 Paris

21
レスリー, パリ, 1989年10月
Leslie, Octobre 1989 Paris

22
マルティーヌ, パリ, 1989年12月
Martine, Décembre 1989 Paris

23
キム Ⅰ, パリ, 1990年1月
Kim Ⅰ, Janvier 1990 Paris

キース Ⅰ, ロンドン, 1989年12月
Keith Ⅰ, Décembre 1989 Londres

25
ヤニック II, パリ, 1990年1月
Yannick II, Janvier 1990 Paris

ケイト・モス, ロンドン, 1989年12月
Kate Moss, Décembre 1989 Londres

26
ケイト・モス, ロンドン, 1989年12月
Kate Moss, Décembre 1989 Londres

27
ショーン I, パリ, 1990年2月
Sean I, Février 1990 Paris

レースのブラジャーを着けたソフィ・マルソー, パリ, 1990年
Sophie Marceau en soutien-gorge de dentelle, 1990 Paris

28
レースのブラジャーを着けたソフィ・マルソー, パリ, 1990年
Sophie Marceau en soutien-gorge de dentelle, 1990 Paris

29
「ベル・ドゥ・ジュール」にてイヴ・サン=ローランの衣装を着たカレン・マルダー, パリ, 1994年5月
Karen Mulder en Yves Saint-Laurent dans "Belle de Jour", Mai 1994 Paris

30
ランスによるヴァレリア・ゴリノの自写像, ロサンジェルス, 1991年
Autoportrait de Valeria Golino par moi-même, 1991 Los Angeles

グランド・ホテル・パリジャンでの昼食, パリ, 1991年
Déjeuner dans un grand hôtel Parisien, 1991 Paris

31
グランド・ホテル・パリジャンでの昼食, パリ, 1991年
Déjeuner dans un grand hôtel Parisien, 1991 Paris

32
頭にストッキングを被った, 映画『氷の微笑』撮影時のマイケル・ダグラス, ロサンジェルス, 1991年
Michael Douglas "Basic Instinct" avec un bas sur la tête, 1991 Los Angeles

33
ミュグレーの人魚風ドレスを着たエステル・アリディ, パリ, 1992年
Estelle Halliday dans une robe sirène de Mugler, 1992 Paris

煙草をくわえるソフイア, パリ, 1989年
Sofia à la cigarette, 1989 Paris

34
煙草をくわえるソフイア, パリ, 1989年
Sofia à la cigarette, 1989 Paris

35
レイチェル・ウィリアムズ II, パリ, 1989年
Rachel Williams II, 1989 Paris

36
葉っぱのなかのエマニュエル・ベアール, リュベロン, 1989年
Emmanuelle Béart dans les feuilles, 1989 Luberon

肘掛椅子に座るナスターシャ・キンスキー, パリ, 1991年
Nastasia Kinsky dans un fauteuil, 1991 Paris

37
肘掛椅子に座るナスターシャ・キンスキー, パリ, 1991年
Nastasia Kinsky dans un fauteuil, 1991 Paris

シャロン・ストーン IV, ロサンジェルス, 1991年
Sharon Stone IV, 1991 Los Angeles

38
シャロン・ストーン IV, ロサンジェルス, 1991年
Sharon Stone IV, 1991 Los Angeles

ビヴァリー・ウィルシャイアのシャロン・ストーン II, ロサンジェルス, 1991年
Sharon Stone au Beverly Wilshire II, 1991 Los Angeles

39
ビヴァリー・ウィルシャイアのシャロン・ストーン II, ロサンジェルス, 1991年
Sharon Stone au Beverly Wilshire II, 1991 Los Angeles

ノルマンディのヴァネッサ・パラディ I, ドーヴィル, 1989年

40
ノルマンディのヴァネッサ・パラディ I, ドーヴィル, 1989年
Vanessa Paradis au Normandie I, 1989 Deauville

ミッキー・ロークⅠ, ロサンジェルス, 1991年
Mickey Rourke Ⅰ, 1991 Los Angeles

41

42
ジョニー・デップのポートレイト II, アリゾナ州ダグラス, 1991年
Portrait de Johnny Depp II, 1991 Douglas, Arizona

43
妖婦のキム II, パリ, 1991年
Kim en femme fatale II, 1991 Paris

ベッドの上で横たわるキム, パリ, 1991年
Kim, allongée sur un lit attend, 1991 Paris

ベッドの上で横たわるキム, パリ, 1991年
Kim, allongée sur un lit attend, 1991 Paris

45
浴室の鏡にうつるキム Ⅶ, パリ, 1991年
Kim, dans le miroir de la salle de bain Ⅶ, 1991 Paris

46
キム・ハーロウ, 若い男性の姿のポートレイト, パリ, 1991年
Kim Harlow, portrait d'un jeune homme, 1991 Paris

47
ミカ Ⅰ, パリ, 1991年6月
Mika Ⅰ, Juin 1991 Paris

ヴァレリー II, パリ, 1991年6月
Valérie II, Juin 1991 Paris

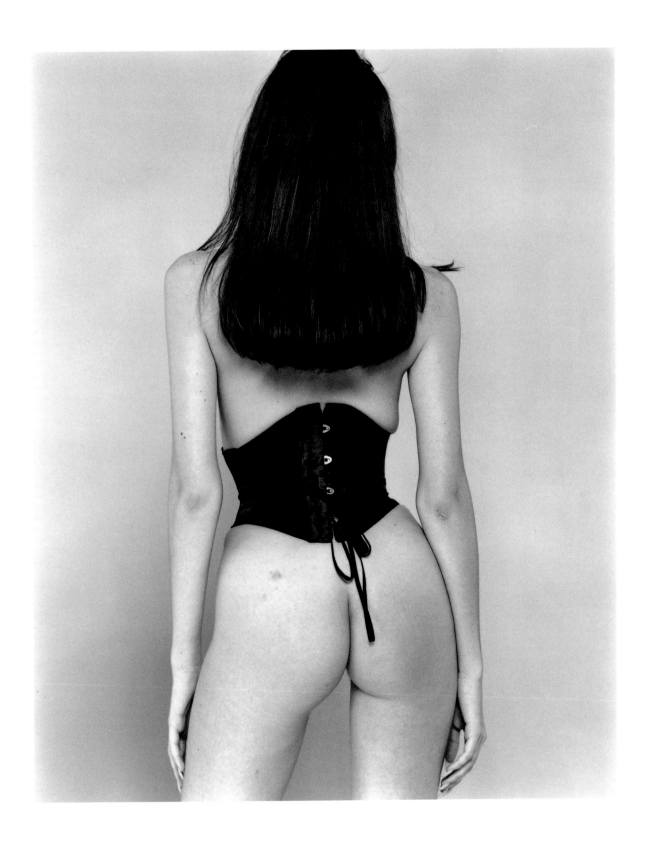

48
ヴァレリー II, パリ, 1991年6月
Valérie II, Juin 1991 Paris

49
シャボン玉をつくるダリル・ハンナ, ロサンジェルス, 1991年
Daryl Hannah fait des bulles de savon, 1991 Los Angeles

血を浴びた浴室のエステル IV, ヌイイー, 1996年1月
Estelle couverte de sang dans la salle de bain IV, Janvier 1996 Neuilly

血を浴びた浴室のエステル IV, ヌイイー, 1996年1月
Estelle couverte de sang dans la salle de bain IV, Janvier 1996 Neuilly

鏡に「嫌悪」と書くエステル・アリディ II, ヌイイー, 1996年1月
"Répulsion" avec Estelle Halliday II, Janvier 1996 Neuilly

鏡に「嫌悪」と書くエステル・アリディ II, ヌイイー, 1996年1月
"Répulsion" avec Estelle Halliday II, Janvier 1996 Neuilly

52
ヴィトンの棺の「最後の旅」，ローの墓地で，『エゴイスト』誌より Ⅰ，カルヴァドス，1995年2月
"Le dernier voyage" d'un cercueil Vuitton au cimetière de Reux pour "Égoïste" Ⅰ, Février 1995 Calvados

53
ヴィトンの棺の「最後の旅」, ローの墓地で, 『エゴイスト』誌より II, カルヴァドス, 1995年2月
"Le dernier voyage" d'un cercueil Vuitton au cimetière de Reux pour "Égoïste" II, Février 1995 Calvados

11月7日, パリ
7 Novembre, Paris

11月7日, パリ
7 Novembre, Paris

4月25日－I，パリ
25 Avril I, Paris

6月26日−I，パリ
26 Juin I, Paris

2月20日—II, パリ
20 Février II, Paris

2月20日—II, パリ
20 Février II, Paris

フォルモサ・カフェで涙を流すクレール・スタンスフィールド, ロサンジェルス, 1994年2月
Claire Stansfield, crying in the Formosa Café, February 1994 Los Angeles

59
フォルモサ・カフェで涙を流すクレール・スタンスフィールド, ロサンジェルス, 1994年2月
Claire Stansfield, crying in the Formosa Café, February 1994 Los Angeles

アレクサンドリア・ホテルの「ヴァレンティノの部屋」で煙草を吸うトレーシー・ローズ, ロサンジェルス, 1994年4月

アレクサンドリア・ホテルの「ヴァレンティノの部屋」で煙草を吸うトレーシー・ローズ, ロサンジェルス, 1994年4月
Traci Lords smoking a cigarette in the "Valentino room" of the Alexandria Hotel, April 1994 Los Angeles

とても小さなシャネルのブラを着けたカレン・マルダー, パリ, 1996年1月
Karen Mulder with a very small Chanel bra, January 1996 Paris

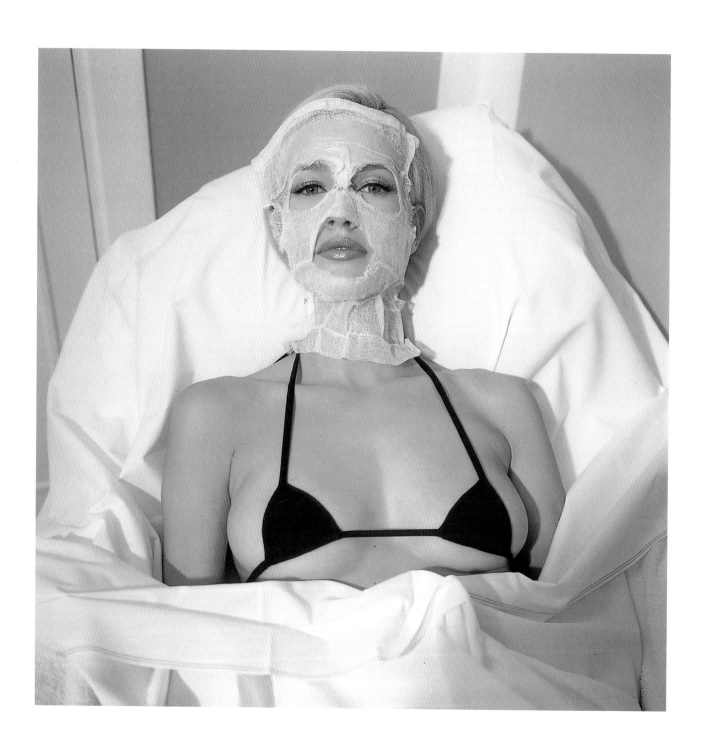

61
とても小さなシャネルのブラを着けたカレン・マルダー, パリ, 1996年1月
Karen Mulder with a very small Chanel bra, January 1996 Paris

緑色のカーディガンを着て赤い口紅をつけたシビル・バック, パリ, 1996年1月
Sibyl rouge de face avec un chandail vert, Janvier 1996 Paris

62
緑色のカーディガンを着て赤い口紅をつけたシビル・バック, パリ, 1996年1月
Sibyl rouge de face avec un chandail vert, Janvier 1996 Paris

竹の茂みにかがんだエリザベス・バークレイ, ロサンジェルス, 1995年3月
Elizabeth Berkley stuck in bamboo bushes, March 1995 Los Angeles

63

光る青い下着を着けたマドンナ, ニューヨーク, 1994年9月
Madonna blue in a shiny blue underpants, September 1994 New York

64
光る青い下着を着けたマドンナ, ニューヨーク, 1994年9月
Madonna blue in a shiny blue underpants, September 1994 New York

風変わりなプラスティックの椅子に座るピンナップガール風のリヴ・タイラー, ニューヨーク, 1995年10月
Liv Tyler as a Pin-up on an odd plastic chair, October 1995 New York

65
風変わりなプラスティックの椅子に座るピンナップガール風のリヴ・タイラー, ニューヨーク, 1995年10月
Liv Tyler as a Pin-up on an odd plastic chair, October 1995 New York

ホテル・コストの広間で花を寄せ集めるソフィ・マルソー II, パリ, 1996年3月
Sophie Marceau ramassant des fleurs dans le hall de l'hôtel Costes II, Mars 1996 Paris

67
薔薇のベッドに横たわるブリジット・ホール I, ニューヨーク, 1996年4月
Bridget Hall laying on a bed of roses I, April 1996 New York

世界中を熱狂させるアンジー・エヴァーハート, ロサンジェルス, 1995年10月
Angie Everheart driving the whole world crazy, October 1995 Los Angeles

68

キッチンの壁に寄り掛かるジェニファー・ジェイソン・リー, ロサンジェルス, 1995年11月
Jennifer Jason-Leigh leaning against a kitchen wall, November 1995 Los Angeles

キッチンの壁に寄り掛かるジェニファー・ジェイソン・リー, ロサンジェルス, 1995年11月
Jennifer Jason-Leigh leaning against a kitchen wall, November 1995 Los Angeles

70
病院の廊下でトランプをバラバラにするエリザベス・バークレー, ロサンジェルス, 1996年2月
Elizabeth Berkley in the corridor of an asylum tearing up a deck of cards, February 1996 Los Angeles

電話に向かって叫んでいるエリザベス・バークレー, ロサンジェルス, 1996年2月
Elizabeth Berkley screaming at the telephone, February 1996 Los Angeles

71
電話に向かって叫んでいるエリザベス・バークレー, ロサンジェルス, 1996年2月
Elizabeth Berkley screaming at the telephone, February 1996 Los Angeles

72
壁に釘で打ち付けられたローズ・マクゴゥワン, ロサンジェルス, 1995年10月
Rose McGowan nailed on a run down wall, October 1995 Los Angeles

ロックバンド「ノー・ダウト」のグエン・ステファニ, ニューヨーク, 1996年4月
Gwen Stefani from "No Doubt", April 1996 New York

73
ロックバンド「ノー・ダウト」のグエン・ステファニ, ニューヨーク, 1996年4月
Gwen Stefani from "No Doubt", April 1996 New York

ヘルムート・ラングの服を着たロック・バンド「ガービッジ」のシャーリー・マンソン, パリ, 1996年3月

74
ヘルムート・ラングの服を着たロック・バンド「ガービッジ」のシャーリー・マンソン, パリ, 1996年3月
Shirley Manson from "Garbage" wearing a Helmut Lang top, March 1996 Paris

煙った拘置所のなかのマリリン・マンソン, クリーヴランド, 1996年9月
Marilyn Manson in a smoky jail, September 1996 Cleveland

75
煙った拘置所のなかのマリリン・マンソン, クリーヴランド, 1996年9月
Marilyn Manson in a smoky jail, September 1996 Cleveland

ロックバンド「クランプス」のギタリスト, ポイズン・アイヴィとヴォーカリストのラックス・インテリアのキス, ロサンジェルス, 1995年4月

76
The kiss of the Cramps, April 1995 Los Angeles

ベッティナ・ランス (Photo ⓒStéphane Coutelle)

ベッティナ・ランス　インタビュー

＊まず, 最初の質問です。どのようにしてあなたの写真家としてのキャリアは始まったのでしょうか。

「最初？　そうね, 最初に何が起こったのかってとても大切なことね。14歳のときに初めて写真を撮りました。子供の頃から写真が好きだったんです。でも高校を卒業したとき, 写真もやめてしまったの。それから再び写真を始めるようになったのは, ちょっとした偶然からでした。たくさんの仕事を経験したあとでね。ファッションモデル, ジャーナリスト, 女優……でもある日, 青春時代を振り返ったときに写真に夢中だったことを思い出しました。それでまた撮り始めたの。何かを新しく始めるには遅すぎるくらいの年齢だったわ。同年代の人間はもうすでに自分の仕事を確立していたもの。そんなふうに人に遅れて写真を撮り始めたけれども, それ以降決して立ち止まることなく今日まできました。来年で20年になります。この20年間撮らない日はなかった。毎日撮っています。私にとって写真を撮ることはもう仕事というよりは, 情熱ね。写真のための人生を送っているようなものです。

　ふつうは雑誌から始まって, 広告の仕事, 展覧会, 写真集……というのが順序だと思うけれど, 私の場合は全く逆でした。まず自分のために写真を撮ることから始まったのです。78年から80年の2年間はピガールのストリップ劇場を廻って出会った女性たちにヌード写真を撮らせてくれるように頼みました。モノクロ6×6の写真を撮り続けました。当時は写真を撮ることしか考えていなかった。アパートを処分してまとまったお金があったので, そうできたのだと思います。夜, 写真を撮り, 昼は現像し, 焼き付けた。そして1年たったとき, チャンスが到来しました。若手のグループ展で作品を8枚発表し, すぐポンピドゥ・センターのグループ展に。それがきっかけで当時パリの写真ギャラリーで一番評判の高かったところで個展ができることになりました。」

＊やはり最初からヌードを撮っていたのですね。ヌードをテーマに選んだ理由は？

「ヌードは決して私の作品のテーマというわけではないけれども, 最初のテーマであるとは言えるわね。でもなぜヌードだったのか？　そのときは自分が見たいものを写真に撮ろうと思ったの。私にとって最初に見てみたいと思ったものが服を着てない女性の体——きれいな体, それほどでもない体, 若い体, 老いた体, 小さい体, 太った体……興味があったので撮りたかったのです。だからといって私はヌード写真家ではないわ。ファッション写真家でもない。もちろんポートレイト写真家でもない。そういうカテゴリー分けは不毛だと思うけれど, あえていえば, 私の写真にはこれらすべての要素がルポルタージュ的に総合されているのではないかしら。ヌードも撮るし, 服を着たマヌカンの写真も撮る。でもだからといってファッション写真じゃなくて……そうね, 私は“感動”を集めているんだと自分で思っています。」

＊フランスだけでなく海外でもベストセラーになった『シャンブル・クローズ（密室）』の印象が強すぎて, ヌード写真家と思ってしまうのかもしれません。それにしてもたくさんの写真集が出版されましたね。特に写真集にこだわりがありますか。

「写真集を作るという作業は時間がかかるし, とてもたいへんだけど, 私はチャンスに恵まれたわ。特にとても素晴らしい編集者との出会いがありました。『シャンブル・クローズ（密室）』は小説家と写真家の出会いでした。あれは写真集ではないし, 写真が小説のイラストになっているわけでもない。小説家であるセルジュ・ブラムリーと写真家ベッティナ・ランスとの共同作業です。私は小説の中にでてくる人物X氏の眼となって写真を撮っている……完全なフィクションの世界なの。社会的地位も保証され教養も豊かな敬服すべきX氏はポルノグラフィックなイマージュの蒐集家で, アマチュアの写真家。これは彼の職業ではありません。でもこの趣味は家族にも友人にも知られていません。彼は自分のために写真を撮り, 死期が迫ったときにこれらを公にすることを決意した。……私はこの仕事をしながら, 幾度か自問したことがあります。女性写真家が女性モデルの裸を撮っているなんて, ちょっと変だわって。でもこれは私じゃない。X氏という男性の視線なんだからと。」

＊ということは，まず最初にストーリーがあったのですね。

「初めにあったのはアイデアでした。ストーリーを決める前にセルジュとたくさんのことを話し合ったの。初めに3行ほどのアイデアが浮かびました。それを二人で発展させたのです。この男は誰で，何をしていて，どう生活をしているのか。……それから私は写真を数点撮りました。セルジュも一緒についてきました。現場を見て，それからできあがった写真を見て，さらに書き足していったのです。それ以降，セルジュが撮影現場に現れることは二度となかった。……だから，あの写真集は写真家と小説家の二人の作品が隣り合って並んでいる本だと思うわ。まるで2台のピアノのためのコンチェルトのようにね。あのときのテキストとの共同作業の経験はとても素晴らしいものだったわ。私は言葉が好き。もし，将来何もやることがなくなったら，ものを書きたいと思っているのよ。そのぐらい私にとって言葉はとても強いものです。ところが残念ながら，テキストの方を読んでいる人は少ないの。みんな私の写真だけ見るの。でもそれはちょっと違うわ。」

＊そうですね。そのせいだと思いますが，実はこの写真集が日本で紹介されたとき，「ホテルの部屋で女の姿態を覗き見た写真」と書いた人が多かったんですよ。ご存じでしたか？

「（驚いた様子で）まあ，私は覗き見屋ではないわ。それにしても覗き見ているとは……私はこの言葉を好きになれません。なぜなら言葉の裏にどこか汚らしいところがあります。覗き見屋とは，対象を見ているけれども参加していない人物のことでしょ。見ることを自分で許していない人物。遠くの窓から，相手に見ていることを知られないように見ている人物のことです。私は違います。自分で自分がその対象を見ていることになんの躊躇（とまど）いもないし，きちんと相手の前に立って撮ります。私は決して隠し撮りをしないし，モデルが化粧中のキャビンに潜り込んで撮ることもないわ。人が撮られたくないと思っている写真は絶対に撮りません。だから私は覗き見屋ではないのです。」

＊それではあの写真はどう撮ったのですか？　例えばモデルはどうやって探したのですか？　そして何を撮ろうとしたのですか？

「モデルは皆プロのモデルではなかったの。学生だったり秘書だったり，皆ヌードを撮ったことのない女の子たちでした。町で声をかけて，ワインを1杯ご馳走しながら私の撮りたいことを説明し，ポーズをとってくれるよう頼んだのです。撮っている間，私はとてもたくさん喋ります。あっちを見て，この手を挙げて……って。モデルのポーズは私がすべて決めるの。したがってモデルとの関係は張りつめたものになるわね。でもこれは仕事です。センチメンタルな感情の交換などはありません。でも仕事が終わったあともずっと友達関係でいる人も何人かいるわ。

　それから，何を撮ろうとしたか……私はこう思うのだけれど……いつも"パッサージュの瞬間"を写真に撮っているんじゃないかしらって。生と死との間のパッサージュ，男と女の間のパッサージュ，子供が大人になるパッサージュ……それは何かが別の何かになる場でもあり，イリュージョンの瞬間だともいえるでしょう。私たちは剝製の動物にいきいきとした表情を読みとります。正真正銘の女性に男性を読みとります。」

＊「パッサージュの瞬間」はまさにあなたの作品のすべてをいい表している言葉だと思いますね。でもこれってあなたにとっては何のことですか？　もし待つものだとすれば，どうやって待つのですか？

「それはとても意外な瞬間なのです。初めてこの瞬間を知ったのは『モダン・ラヴァース』を撮っているときだったわ。モデルは皆若い少年少女たちでした。私たちも，もちろん彼ら自身も自分たちが少年なのかそれとも少女なのかはわかっていなかったの。ところがシャッターを押す瞬間，私にはわかったので

す。男の子はもはや男の子ではなかったけれども, 全然女の子でもない——そんな瞬間があることを知ったのね。写真を撮る瞬間というのはとても早く過ぎ去るわ。パッサージュの瞬間も同じなの。まさにその瞬間がきた。でももし何をしていいかわからなかったり, その瞬間そのものがわからなかったりして1秒でもためらったらもう手遅れなのよ。もちろん毎日やってくるわけではないし, ときには何カ月もその瞬間が訪れないときがあるわ。ものすごく集中しているときに生まれるのか……とにかくどうやってこの瞬間が生まれるのかとても説明できないわね。わかっていることは, それが訪れた瞬間, 仕事が完成するという確信に至るということです。」

＊写真というのはこの瞬間をとらえるためにあると思いますか?

「そうね。でも気を付けなければいけないのは, 写真というのは決して衝動的に瞬間を捕まえるものではないということなの。私にとって写真は何かを生み出すことを可能にする道具なのです。写真機を手のひらに乗せたとたん, どんなに人と話すことが奥手な性格でも, 相手の人を撮ることができる——こんなふうに何かを作り出すことができるはずよ。私が写真でやりたいことは物語を語ること。完全なフィクションの世界を創造し, 紡ぎ出すことなのです。」

（1996年12月11日　パリにてインタビュー収録）
インタビュー構成　辻　宏子

90年代を導いた"特権的"な美意識

金子義則

「21世紀には, 誰でも15分だけ有名人になれるだろう」。メディア環境の発展に言及される場で, 何度も引用し尽くされたアンディ・ウォーホルのこの言葉は, 人間が自ら持って生まれた五感の力をはるかに上回って, さらに遠くのものを見ることができ, さらに遠くの音を手に入れられるように, と, 人間が欲望のままに新しい知覚を手に入れていく悦びと恐ろしさを, 今もなお的確に言い当てている。15分という単位かどうかはともかく, 僕たちは望むならば確かに, テレビ, インターネット, 雑誌などによる同時多発多的な露出を事前に打ち合わせておけば, 1カ月程度の準備期間の後に, 誰でも有名にできる。プログラムさえ正しく行えば, 自分自身もそうプロデュースできるのである。限られた特権階級のものだったアートを「民主化」してみせたウォーホルの時代の想像通りに, 未来はすでにここにある。

アートの民主化は, メディアの進化と伴走していた。メディアはそれぞれ個々の人間をつなぎ合わせて, クローズアップする方向に進んできた。スターという存在について考えてみると分かりやすい。大昔は神に近い存在を指し, 映画俳優を指し, ファッション・モデルなど, より近い方向へと移り変わってきた。今のスターといったら, できるだけ隣に佇んでいる感じの, リアリティある少女とか, どこかに自分の面影や思い出がコピーされている, ちょっと醜悪なほどのキャラクターでも, トップモデルだったりする。それらは写真として出回っていたり, 広告として, ごく限られた人々の羨望の的になっていたりするのだから, メディアによるスターの民主化は目論見通りに進んだことになる。

写真は, 確かに民主化した。スターが民主化していった影には, やはりスナップ写真などによる, 写真の民主化のプロセスが深く噛み合わされている。誰でもいつでも押せば撮れる写真。それによって誰にでも瞬間が切り取られ, 自分の心象をその偶然の一瞬に重ね合わせる。60億の人間がいたら, おそらくそれぞれの性癖があるように, 写真も60億通りあるはずだ, という写真の神話が行き渡ったようにも思う。世紀末, 何か過ぎ去りゆくのを本能のようなもので捉えながら, しきりにシャッターを切る, 東京の若きフォトグラファーたちの言説は, まさに写真のデモクラシーの最終コーナーに咲いた切ない徒花のような気もする。

しかし, ベッティナ・ランスの写真を見る時, そうした写真の歴史観的な流れについての一節を, 拭い去りそうになる。彼女は, 彼女にしか備えられていない動物的な嗅覚でファインダーという牙を剥き, 被写体の存在そのものに迫ろうとしている。ポートレイトを撮られるのは, 女優やモデル, 市井の人々といった, いずれも現代の「民主化以後のスター」たちなのだが, 決して彼女以外には撮れない, ある種, 特権的な美意識に支配された視線がここにある, という感動を覚えるのだ。写真は, 彼女に関しては全く民主化していない。彼女にしか撮れない, 被写体との時間と感情。その屈辱的なまでの発見を味わうのである。

そう感じたのは, 「モダン・ラヴァーズ」に出会った時だった。男性と女性, 優しさと狂気, 清純さと醜悪, それら全ての座標軸の中間点に行き来する人間の曖昧な瞬間を, 曖昧なまま切り取ったそのシリーズは, ランスの名シリーズの一つになった。当初, ありきたりのゲイカルチャーやフェティシズム・ムーヴメントと結びつけられがちだったが, 今にして全てを見直す時, そこに90年代のあらゆるムーヴメントが無言のうちにパッケージされていたことに驚くばかりだ。静かに, しかもピンと張られた意識, 被写体のリアルなムードを押さえつつ, 理論的に一つの油断も見逃されていない独特の高貴なモード感。しかし, どこかポーンと抜けた曖昧なままの人間たちの佇まいの感じは, 一瞬一瞬の曖昧な形にこそ, 人間の面白さが最も秘められるという, 鉄則を, 純粋に踏襲しているのだ。そこに多くの論評家がスキャンダラスさを云々したくなるのは, あまりにも完成されたポートレイト・セオリーが自然に導く帰結だったのだろう。

ヘルムート・ニュートンの撮るポートレイトと比べてみると, ランスの特質がよく見える。確かに, 女たちのセクシャリティやポートレイトとしての質感全てに着目した時, ニュートンの写真と同質な印象を持つ。しかし, ニュートンの写真がやはりどうしても男の側から見たセクシャリティについて, 固執せざるを得なかったのに対して, ランスの場合は, 同じくセクシャルな演出を備えつつ, 女性から見た女性性への憧憬とか共感のようなものを押さえている。むろん, 同性からの視線である以上, 醜悪なものとして貶めた女性性にエロスを見出さず, どこか憎めず, コケティッシュな可愛らしさを被写体に見ようとする。ソフィ・マルソーにしろ, アンナ・カリーナにしろ, ジュリエット・ビノシュにしろ, ありふれた雑誌グラビアで決して見

せることのない素顔を,ランスのファインダーの前で晒している,いや写真に参加して安堵しているように見えるのは,そのフェミニズムに満ち,注意深く洞察する細やかな感性の到達し得る成熟なのだろう。

　ファッション写真の流れに照らして,ランスの写真を「再発見」しておくのも興味深い。80年代中盤からは,スーパーモデルたちがそれまでなかったモデルとしてのアイデンティティを誇り始めていた。ファッション・デザイナーたちがアーティストとして「民主化」し,ファッション写真の若手と意欲的なコラボレーションを進めていた中で,デザイナーとしてのアティテュードより,着る側の存在感と生き方のようなものが鮮やかに浮かび上がり始めた。さらに言えば,着る立場の人間の個々の在り方が,それぞれ興味深いと発見されていったのだが,ちょうどその90年代前半のファッションのムードを決定的に導いたのが,80年代の終わり頃から撮られていた,ランスの「モダン・ラヴァーズ」だった。クラシカルにカールした髪のケイト・モス,ジェンダーとか職業とかのボーダーを超えて,彼女のレンズの向こうに立つ幾多の若者たちは,ピースフルで,優しく,素のままの自分を内省している。それ以後,ロンドンからマリオ・ソレンティやコリーヌ・デイら,ストリート・タッチの写真家が,にわかに自分たちの周囲と気分を誇るような写真をスピーディに発表し始めたのは,偶然ではなかったのである。

　90年代の写真を,特に世界の影響を受けやすい東京ベースで見てみても,写真に,自らの思いを具体的に伝えるための新しい話法を実現する道具としてイメージを抱いてきたさまが分かる。被写体が女優であれ,素人であれ,さらに凄いのは,動物の剥製であっても,その存在に対して,独自の話法を投げかけ,ある種のオーラをつかみ取る,ランスの強烈な美意識が,現在の写真ブームといわれる状況に,最も効果的なタイミングでもって影響してきたのは,間違いない。

　僕たちはここに,民主化が行き渡った世紀末に拡がる,個々の人間のアティテュードの美しさと,その存在に対して,慈しみを持って一期一会のように向かい合う人間の生の素晴らしさを発見し,ひたすら心の眼を開き続けるばかりである。
　　　　　　　　　　　　　　　　　　　　　　　　　　　　　　　　（写真評論家／編集者）

ベッティナ・ランス（Bettina Rheims）略歴

〈主な出版物〉

1952年	12月18日パリに生まれる。
1958-71年	リセ・ヴィクトル・デュリュイで初等および中等教育を受けた後，アルザスの学校に進み，写真を始める。
1972-73年	モデルとして働きながらニューヨークに滞在する。
1975-78年	パリに戻り，現代美術のギャラリーの創設に参加。
1978-80年	この時期，肖像写真に専念。縁日興行のストリッパーのヌードや軽業師のシリーズを手懸け，初めて『エゴイスト』誌に写真が掲載される。
1981年	最初のグループ展と二つの個展を開催。
1982年	剥製動物の肖像のシリーズを始め，パリとニューヨークで写真展開催。
	雑誌や広告の仕事，カステルバジャック等のファッション写真，CDジャケット，トリュフォーの『日曜日が待ち遠しい！』などの映画ポスターの仕事を手懸ける。
1984年	エージェンシーであるシグマと契約。
1986-88年	いくつかのビデオクリップやコマーシャル・フィルムを撮影。また個人的な創作も継続し，写真集『ベッティナ・ランス』の制作とともに，10年間の写真家活動をたどる回顧展の準備をする。
1989年	写真集『フィーメイル・トラブル』をドイツ，フランス，日本で刊行。
	同テーマの写真展をミュンヘン，東京で開催。
1990年	「モダン・ラヴァーズ」と題された両性具有的な思春期の若者の肖像シリーズを完成。フランス，ドイツ，イギリス，米国で写真集が出版されるとともに写真展が開催される。
1991-92年	セルジュ・ブラムリーとの共同作業として小説＋写真の本『シャンブル・クローズ（密室）』を発表。内容は，男性Ｘ氏が記録しつづけたという設定で告白の文章が添えられたホテルの部屋内のヌードの女性のカラー写真。1992年には並行してスタジオで性転換した人々の肖像を撮影，「女スパイたち」と題された小さい本を出版。
1992-97年	コマーシャル・フィルムを定期的に撮影するようになり，特にシャネルの仕事で高い評価を得る。またジャンフランコ・フェレのトータル・イメージづくりの仕事を手懸ける。定期的にパリ，ニューヨークを往復し，雑誌の仕事をこなしている。1994年にはパリ市写真グランプリ受賞。1995年，フランス大統領の公式写真を撮るようになる。1997年，東京，大阪で集成展開催。レジヨン・ドヌール5等勲章受賞。

『Bettina Rheims』　（1987, Paris Audio-visuel）
『Female Trouble』　（1989, Schirmer/Mosel／日本版：朝日出版社）
『Modern Lovers』　（1990, Paris Audio-visuel／日本版：朝日出版社）
『Chambre Close』　（1992, Maeght／Kehayoff verlag, Munich／日本版：トレヴィル）
『Les Espionnes』　（1992, Kehayoff verlag, Munich）
『Kim Harlow』　（1994, Kehayoff verlag, Munich）
『Animal』　（1994, Kehayoff verlag, Munich）

1981年	「肖像」ポンピドゥ・センター, パリ
	「ヌードの肖像」ギャルリー・テクスブラウン, パリ
1983年	「動物たちの肖像」ギャルリー・テクスブラウン, パリ
	「動物たちの肖像」グラース国際センター
1984年	「動物たちの肖像」ギャルリー・ダニエル・ウォルフ, ニューヨーク
1985年	「肖像」ギャルリー・フォトマガジン, パリ
	「動物たちの肖像」アーティスト・スペース・ギャラリー, オーストラリア
	「モード」ジャン・コロナ, レ・バン, パリ
1987-88年	「ベッティナ・ランス展」パリ市エスパース・フォトグラフィック
1989年	「ベッティナ・ランス展」ミュゼ・ド・エリゼ, ローザンヌ
	「ベッティナ・ランス展」ミュンヘン市美術館
	「ベッティナ・ランス展」パルコ・ギャラリー, 東京および札幌
1990年	「ベッティナ・ランス展」なんばCITYホール, 大阪
	「モダン・ラヴァーズ」パレ・デ・ボザール, シャルルロワ, ベルギー
	「モダン・ラヴァーズ」ヨーロッパ写真館, パリ
	「モダン・ラヴァーズ」ハミルトンズ・ギャラリー, ロンドン
1991年	「ベッティナ・ランス展」ギャルリー・シャトー・ド・オ, トゥルーズ
	「モダン・ラヴァーズ」フェイヒー・クライン・ギャラリー, ロサンジェルス
	「モダン・ラヴァーズ」ペース・マックギル・ギャラリー, ニューヨーク
	「モダン・ラヴァーズ」ロバート・クライン・ギャラリー, ボストン
1992年	「シャンブル・クローズ(密室)」ギャルリー・メフト, パリ
	「シャンブル・クローズ(密室)」ハミルトンズ・ギャラリー, ロンドン
	「女スパイたち」ギャルリー・アピスラ, ケルン
	「盲人」ヴィザ・プール・イマージュ, ペルピニャン
1993年	「シャンブル・クローズ(密室)」ギャルリア・フォトロジー, ミラノ
	「回顧展」アルトテック・ド・ヴィトレ
	「シャンブル・クローズ(密室)」ギャルリ・ボド・ニエマン, ベルリン
1994年	「アニマル」ギャルリー・ボーブール, ヴァンス
1995年	「ベッティナ・ランス展」ギャラリー・ショウ, 日本
1997年	「ベッティナ・ランス展」東京・小田急美術館, 大阪・近鉄アート館

〈主な作品収蔵先〉

・フランス文化省, パリ
・ポンピドゥ・センター, パリ
・パリ市コレクション
・ミュゼ・ドゥ・ラ・モード, パリ
・アルトテック, ラ・ロシェル
・パリ・オーディオ・ヴィジュアル
・ヴォルヴィック美術館
・エノー美術委員会, ベルギー
・フォトヴィジョン・モンペリエ

Credits:

52, 53; ©Égoïste
59, 60, 63, 64, 68, 69, 70, 71, 72, 73, 74, 75; ©Details
65; ©The Face
61, 66; ©Paris-Match
50, 51; ©Detour

世界を刺激する女性写真家

ベッティナ・ランス展

東京・小田急美術館
1997年1月29日(水)〜2月16日(日)
大阪・近鉄アート館
1997年8月29日(金)〜9月10日(水)

主催＝東京展　小田急美術館, PPS通信社
　　　　大阪展　PPS通信社
後援＝フランス大使館, 社団法人日本写真協会,
　　　日本写真家協会, 社団法人日本広告写真家協会
協賛＝マミヤ・オーピー株式会社
協力＝エールフランス国営航空

図録発行＝PPS通信社
　　　　東京都中央区銀座4-10-3 セントラルビル　(03)3544-1471(代表)
　　　　大阪市西区西本町1-2-14 岡島ビル　(06)531-5577(代表)

編集発行人＝ロバート・L・カーシンバウム
制作＝集巧社

Bettina Rheims Exhibition

Exhibition in Japan organized by Pacific Press Service
with the encouragement of
the Embassy of France,
the Photographic Society of Japan,
the Japan Professional Photographers Society,
the Japan Advertising Photographers' Association
and the support of Mamiya-OP Co.,Ltd.
and the cooperation of AIR FRANCE.

Catalogue published by Pacific Press Service,
4-10-3, Ginza, Chuo-ku, Tokyo, 104, Japan.
All rights reserved under the International Copyright Union.
Publisher: Robert L. Kirschenbaum

Produced by Shukosha Co.,Ltd.
Printed in Japan

Photographs © Bettina Rheims

ISBN 4-938635-45-3 C0072 P1900E